RAWAを訪ねる旅へ

　2001年9月11日、ハイジャックされた飛行機が、米国の富の象徴ともいえるニューヨークの世界貿易センターに突っ込むという衝撃的な事件が起きた。のちに「9.11」と呼ばれる米国への同時多発攻撃だ。ジョージ・W・ブッシュ大統領は、報復のための「対テロ」を高らかに宣言し、約1カ月後の10月7日、「特別な関係」にある英国などとともに、アフガニスタンへの空爆を開始した。9.11はアル＝カーイダの犯行であり、そのアル＝カーイダをアフガニスタンのターリバーン政権が匿っていると断定したのだ。しかし9.11とターリバーン政権が何ら関係がないことは明らかだった。

　ところが、11月に入ると、米国などによる攻爆の名目は「アフガン女性の解放」へと変わった。ターリバーン政権が女性に対し、ブルカ（頭から足元までをすっぽりと覆い隠す長衣）の着用を強制したり、就労や教育を禁止したりしていることに言及するようになったのだ。その方が、「報復」よりも国際的な支持を得やすかったからだろう。そして「女性解放」という名目をもっともらしく見せるために、「野蛮なターリバーン」と「虐げられたまま沈黙を強いられているアフガン女性」のイメージが繰り返し強調された。

　現実には、アフガン女性はジェンダーに基づく暴力や差別を黙って受け入れてきたわけではなかった。1977年、アフガ

ニスタン初のフェミニスト団体「RAWA」（アフガニスタン女性革命協会）がカーブルで誕生していた。RAWAは当初、女性の権利や自由を求めてアフガニスタンで活動していたが、1979年に始まったソ連のアフガニスタン軍事侵攻を強く批判し、対ソ連抵抗運動に関わりを持つようになったことから、弾圧を逃れるために活動拠点をパキスタンのアフガン難民キャンプに移さざるを得なくなった。なお、RAWAの創始者であるミーナーは、1987年にパキスタンのクエッタで、KGB（ソ連国家保安委員会）の支配下にあったKHAD（アフガニスタンの諜報機関）関係者らにより暗殺されている。

RAWAは、移転先のパキスタンで女性のための識字教室や学校、児童養護施設（孤児院）、病院などを積極的に運営してきたが、2016年になると、同地での活動をすべて終わらせて、拠点をアフガニスタンに戻した。2015年頃からアフガニスタンとパキスタンの両政府がパキスタン在住のアフガン難民の帰還を強く促すようになり、国連やその他の国際機関なども帰還を支援するようになったからだ。それから現在までに多くのアフガン難民が故国へ帰還しているが、帰還後の生活の見通しが立たないことや、著しい治安の悪化などにより、パキスタンにはいまなお相当数の難民が残っている。

　本書は、RAWAのメンバーに会う旅の中で撮影してきたパキスタンやアフガニスタンの写真をまとめたものである。とりわけRAWAが力を入れてきた「ヘワド高校」(Hewad High School)の存在をビジュアルな記録として残したいと思ったことが、出版の動機になった。創始者を暗殺され、現在も弾圧の危険にさらされながら、それでもなお、女性の団結の力を信じ、自由で平等な民主的社会の構築のために歩み続けてきたRAWAの活動を象徴するもの——それがヘワド高校だ。わたしは「RAWAと連帯する会」という団体のメンバーとして、2012年から2015年にかけて毎年この高校を訪問し、学生や教職員と交流を図りながら、RAWAの"思想"を少しずつ学んできた。

　また、本書には、パキスタンのアフガン難民キャンプやアフガン難民が暮らすペシャーワルの街並みのほか、アフガニスタンのNGOが運営する児童養護施設や女性のための識字・職業訓練教室などの写真も盛り込んだ。度重なる外国軍による軍事侵攻や、内戦、干ばつなどによって翻弄されてきたアフガン人の〈生〉を垣間見た者として、その光景を記録として残すべきだと考えたからだ。

　本書を通して、RAWAの活動やアフガン人の暮らしを少しでも身近に感じていただけると幸いである。

▷ アフガニスタン周辺地図

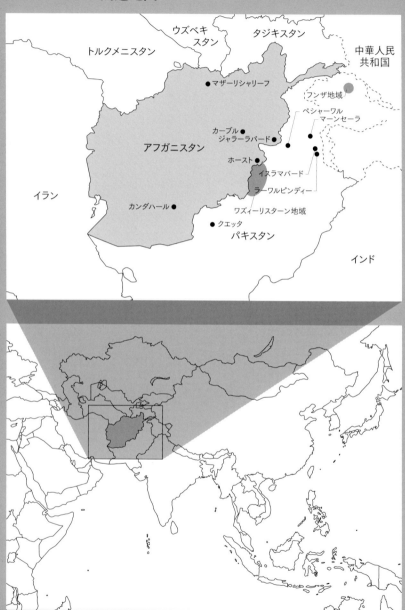

目次

ブックデザイン　鈴木一誌＋吉見友希

第1章

難民キャンプを
歩く

1959年、パキスタンの新しい首都として選定されたイスラマバード。南部の都市・カラーチーから首都の機能を移すため、開発が進んだ。かつてそこにはアフガン難民のキャンプがあった。「I-11地区」に位置するそれは「I-11キャンプ」と呼ばれ、故国を離れたアフガン難民や、パキスタン軍が北西部の旧「連邦直轄部族地域」（現在はハイバル・パフトゥンフワー州の一部）で実施した掃討作戦から逃れてきた国内避難民が混在して暮らしていた。

　I-11キャンプはオールドとニューの二つのエリアに分かれている。オールド・キャンプには多数の国内避難民と少数のアフガン難民、ニュー・キャンプには基本的にアフガン難民が居住していた。どちらのエリアにも小さな土壁の家が密集しており、各家庭に子どもがたくさんいたが、総人口はわからない。創設の経緯を調べようと思っているうちに、キャンプそのものが壊されてしまった。前頁の写真は2012年5月の時点のオールド・キャンプの様子だ。

　2012年に初めてこのキャンプを訪ねたとき、わたしはそこに住むアフガン人から、難民になったきっかけや避難ルート、異郷で難民として暮らすことの困難、家族の状況、故郷への帰還についての複雑な思いなどを聞いた。パキスタン生活が長くなるうちに世代が変わり、帰還に戸惑いを感じている家族や、貧しい暮らしの中で教育を受けられず苦労したことから、自分の子どもには性別にかかわりなく字を読めるだけの教育を受けてほしいと願う若い親にも出会った。

　2015年頃から、アフガニスタンとパキスタンの双方が国際機関と連携してアフガン難民の帰還を強く促すようになったため、2015年9月に再訪したときには、I-11キャンプがあった場所は更地に変わっていた。

共同井戸のそばに立つ女児。大人用の大きなサンダルを履き、
はにかんだ笑顔でカメラの方を向いてくれた。[2012年5月／オールド・キャンプ]

各住居には水道が引かれていないため、
子どもたちが家族の生活水を共同井戸から汲んで運ぶ。
［2012年5月／オールド・キャンプ］

少女たちのカメラに向ける表情はさまざまだ。
小学校の低学年くらいになると少女たちは
ヘジャーブ（女性が頭や身体を覆う布）を被る。
［2013年5月／オールド・キャンプ］

2001年の9.11以降、パキスタンを訪ねる外国人が
大幅に減ったこともあってか、キャンプの敷地に入ると
子どもたちが好奇心をむき出しにして駆け寄ってきた。
［2012年4月／ニュー・キャンプ］

中庭から撮った家屋の様子。右側のベッドの奥で煮炊きが行われている。
[2012年5月／ニュー・キャンプ]

庭で母親に身体を洗ってもらう男児。石鹸の泡が目に入ったのか、少しむずかっている。
[2012年4月／ニュー・キャンプ]

自宅の土壁に登って遊ぶきょうだい。［2012年4月／ニュー・キャンプ］

家屋の内部。枕や寝具が積まれている。昼は居間、夜は寝室として使われているのだろう。
外国からの訪問者であるわたしたちを見ようと、近所からも子どもが集まってきた。
［2012年4月／ニュー・キャンプ］

家計を助けるために、キャンプ内の路上でヨーグルトドリンクらしきものを売る女児。
［2012年4月／ニュー・キャンプ］

タヌールと呼ばれるかまど。ナーン（パン）を焼くだけでなく、煮込み料理にも使うなど、アフガン人の生活に欠かせない。遊んでいる子どもが落ちて大火傷を負うことがある。[2012年4月／ニュー・キャンプ]

人間の残飯を食べる家畜の山羊。山羊の乳はヨーグルトなどの乳製品に加工したり、乳児に飲ませたりする。牛や鶏を飼っている家も多い。[2012年4月／ニュー・キャンプ]

インタビューに応じてくれたアフガン難民のハーン・アーガー氏。
アフガニスタン東部の国境沿いにあるクナル州で生まれた。
ソ連侵攻時代の1980年代後半、家族とともに国境を越え、イスラマバードへ。
当時は6歳か7歳だったという。「故郷は好きだが、帰ったところで土地も家もないので、
慣れているイスラマバードにこれからも住みたい」と訴えていた。
[2012年5月／オールド・キャンプ]

ハーン・アーガー氏は、夏季はキャンプの道沿いでかき氷屋を営み、
冬季は近くの野菜市場で働いていた。
かき氷機の前には赤いシロップがずらっと並んでいた。
[2012年5月／オールド・キャンプ]

時が流れ、更地になったキャンプ。
目にした瞬間、「グラウンド・ゼロ」という言葉が浮かんだ。
広島の爆心地や9.11後のニューヨークを思い起こさせる光景だ。
更地にする作業がまだ続いている様子から、
取り壊しからそれほど時間が経っていないものと思われる。
[2015年9月／オールド・キャンプ跡地]

土煉瓦などの使えそうなものを拾って歩く、パキスタン人の少年たち。
カメラを向けると、並んでポーズをとってくれた。
［2015年9月／オールド・キャンプ跡地］

家の土台などに使われていた土煉瓦。
まだ使ったり売ったりできそうなものをここに集めたようだ。
[2015年9月／オールド・キャンプ跡地]

《 バレリーキャンプ 》

ハイバル・パフトゥンフワー州のマーンセーラにあった
アフガン難民キャンプのひとつ「バレリーキャンプ」。
このときすでに多くの難民が帰還していたため、
現在はパキスタン人が移り住んでいることも考えられる。
[2016年4月]

数カ月以内にアフガニスタン南東部のホースト州へ
家族と帰還するという難民の男児ら。
帰還しても、安全で安定した暮らしを求めて
パキスタンに戻ろうとする家族もいると思う、とのこと。
［2016年9月］

男児はキャンプ内の学校、
女児はキャンプ外のパキスタン人の学校に通う。
このときすでにキャンプ内の学校の教員は
故国に帰還していたため、
男児は通学していなかった。
［2016年9月］

カーブルに事務所を持つ「SAAJS」(正義を求めるアフガン人のための社会協会)が出版した
人権侵害の証言集『犠牲者への挽歌──償いと正義の兆しを待ち望みながら』。
SAAJSは2007年に創設された団体で、
親ソ連政権を誕生させた1978年4月のサウル革命(4月革命)から
2001年の対アフガニスタン軍事攻撃にいたるまでに起きた、
アフガニスタンにおける各種の人権侵害・軍事攻撃の加害者の処罰を求めている。
[2015年9月／ SAAJS事務所]

米軍による無人機攻撃で使われたミサイルの残骸。
アフガニスタン南部のカンダハールから飛来し、
被害地域の住民がパキスタンの人権団体「FFR」（基本的人権基金）に
証拠として渡したもの。
2004年以降、米軍はパキスタン北西部の旧「連邦直轄部族地域」、
とりわけワズィーリスターンに対してこのような無人機での攻撃を実施するようになった。
[2018年3月／FFR事務所]

Social Associati...

2007

So...
Afg...

SAAJSの事務所の
掲示板には
犠牲者の写真が
貼られていた。

多くのアフガン人が
故郷を去り
難民化した背景には、
このような悲劇がある。
[2015年9月／ SAAJS事務所]

SAAJ

2007

Social
Afghan

SAAJSの事務所内の掲示板。
加害者への処罰と正義を求めて
スタンディングやデモを行ったときの写真が貼られている。
[2015年9月／SAAJS事務所]

第2章
ヘワド高校の
自由のための
教育

イスラマバードと隣接するパキスタンの古都のひとつラーワルピンディーには、RAWAが運営するヘワド高校があった。

　高校とはいうものの、小・中学校の授業も行われ、周辺に住むアフガン難民の幅広い年齢の子弟が通っていた。性別を問わず多様な人間で社会が構成されている現実を認識させようという教育方針により、中学校までは男女共学だ。

　こうした先進的な校風はアフガン人の学校としては珍しく、本来であれば、敬遠されるものだ。しかも、周辺には、アフガニスタンの主要公用語であるダリー語で教育を行う学校がほかにもいくつかある。しかし意外なことに、ヘワド高校は地域でもっとも人気のある学校だった。教育レベルが高く、アフガニスタンの大学進学に適したカリキュラムを導入していたことや、貧困家庭出身者の授業料を免除していたことが人気の理由のようだ。アフガン人の家庭では、経済的理由から子ども全員を通学させることができない場合、娘より息子の教育を優先することがよくある。こうした事態を避けるため、ヘワド高校には、娘を通学させた家庭は娘だけでなく息子の授業料も免除になるという独自の制度もあった。

　2001年末のターリバーン政権崩壊を受け、RAWAはその拠点をパキスタンからアフガニスタンへと徐々に戻していった。その後、祖国への帰還が奨励され、ヘワド高校に通う子どもの数も少なくなることが予想されたため、2016年3月にヘワド高校を閉校した。これにより、RAWAはパキスタンから完全に撤退した。

　前頁の写真は、2012年4月、RAWAと連帯する会が用意した、生活・学業関連のアンケート調査票に熱心に回答している男子学生(高校生)。

イスラームの聖典クルアーン（日本では一般的に「コーラン」と呼ばれる）を学ぶ男子学生。
二人で一冊を読んでいる。他の科目も教科書が不足していた。
資金不足に加え、アフガニスタンの学校で使われている教科書を
パキスタンで入手することが難しいからだ。[2012年4月／旧校舎]

カリキュラムはアフガニスタンの教育制度に合わせて作られており、
中学生は17科目、高校生は15科目を学んでいた。
17科目の内訳は、ダリー語、パシュトゥー語、アラビア語、英語、
歴史（アフガン史、アジア史、宗教史）、理科（生物、化学、物理）、数学、地理、
芸術（アフガン芸術、世界の芸術）、クルアーン、イスラーム、体育。
［2013年5月／旧校舎］

難民になった経緯や
経済状況により教育に
アクセスできる年齢が異なるため、
同じ学年の学生が
みな同じ年齢とは限らない。
クラスメイトと年齢が
大きく離れている学生もいる。
[2013年5月／旧校舎]

RAWAがラーワルピンディーで運営する
児童養護施設「ワタン孤児院」に住む
学生専用のミニスクールバス。
ワタン孤児院の子どもは全員ヘワド高校で学ぶ。
[2013年5月]

教員には男性も女性もいるが、女性の方が多く、校長は女性。
女子学生のクラスを女性教員が、
男子学生のクラスを男性教員が教えるとは限らない。[2013年5月／旧校舎]

一定の教育を受けた女性が比較的就きやすい仕事が教職だ。
ヘワド高校の女性教員はRAWAのメンバーとは限らないが、
RAWAの活動方針に賛同した上で働いているようだ。泰然とした人が多い。[2012年4月／旧校舎]

算数を学ぶ小学3年生。パキスタンでは計画停電が実施されているため、
停電中は発電機を使って教室を照らすが、
燃料代がかかりすぎるため、いつでもそうするわけではない。
薄暗い教室でドアや窓から入ってくる光に頼りながら授業をすることも多い。[2013年5月／旧校舎]

アフガン女性は、祝事の際に「ヘナ」（植物性の染料）を使って、
手や腕に美しい模様をペイントする習慣がある。
この女子学生も家でペイントをしてもらったのだろう。[2012年4月／旧校舎]

RAWAと連帯する会が実施した出前授業で、リトマス紙を使った理科実験に励む女子学生たち。実験の機会が少ないため、学生は熱心であればあるほど前の席に座る。[2015年9月／新校舎]

RAWAと連帯する会のメンバーとの交流会で、2011年の東日本大震災の被災状況や原発事故、日本の文化に関する説明を聴く女子学生たち。[2012年4月／旧校舎]

小机付きの椅子を作るパキスタンの家具職人。
RAWAと連帯する会が日本で集めた特別支援金で、小机付きの椅子と、
ベンチタイプの椅子が付いた横長の机をパキスタンで発注した。[2014年9月]

できあがった新しい椅子を校舎内に搬入。[2014年9月／新校舎]

手前にあるのが新調した小机付きの椅子。
奥に老朽化した椅子が積み重ねられている。[2014年9月／新校舎]

ヘワド高校旧校舎。
老朽化した建物の二階と三階を校舎として賃借していた。
運動場がないため、体育の授業も基本的には屋内で実施する。
このときの学生数は約150人。
午前クラスと午後クラスに分けて登校させていたが、
狭苦しい印象はぬぐえなかった。[2013年5月]。

ヘワド高校新校舎。
ヘワド高校はアフガン難民への差別意識を持つ近隣住民から嫌がらせを受け、
何度か引っ越している。この校舎は2014年から閉校になる2016年まで使用されたもの。
独立した庭付きの家屋を賃借したため、
学生は休み時間に庭で遊ぶことができるようになった。[2015年9月]

職員室のドアの上に飾られている、RAWAと連帯する会が製作した表札。
RAWAと連帯する会は、オーストラリアの「SAWA」(アフガン女性支援協会)と共同で
ヘワド高校を財政的に支援してきた。[2015年月9月／新校舎]

旧校舎の壁。RAWAのポスターに使われたイラストと似た絵が描かれていた。
英語で「女性は奴隷化されてはならない」と書かれている。［2012年4月／旧校舎］

新校舎の壁に飾られたRAWAの創設者ミーナーの写真とRAWAのロゴ。
ミーナーは1987年、クエッタでKGB（ソ連国家保安委員会）の支配下の
KHAD（アフガニスタンの諜報機関）関係者らにより暗殺された。［2014年8月／新校舎］

第3章 **分断された街**
ペシャーワル

アフガニスタンとパキスタンの国境沿いには数多くのパシュトゥーン人（独自の言語と掟を有するアフガニスタン最大の民族）が住んでいる。もっとも、パシュトゥーン人からすれば、大国の思惑によって一方的に自分たちの土地に国境線を引かれ、分断されたにすぎない。

　パキスタン側のパシュトゥーン人の町には、かつてたくさんのアフガン難民キャンプがあった。アフガニスタンに近いという地理的要因に加え、同じ民族であることから言語や習慣に隔たりがなく、またパキスタン側に住む親族や同胞の友人・知人を頼って、国境を超える者も多いからだ。

　パキスタンのハイバル・パフトゥンフワー州の州都であるペシャーワルも、パシュトゥーン人の住む町のひとつだ。1979年から1989年まで続いた、ソ連による対アフガニスタン軍事侵攻時代には、各抵抗勢力の拠点がこの町に置かれることが多かった。

　ペシャーワルは交易が盛んな古い町で、旧市街には、ドライフルーツや布、宝石などを売る市場がいくつもある。市場では女性の姿を見かけることがほとんどない。女性のわたしが外を歩くと「見られている」という感じが確かにする。しかし住宅地まで行けば、ブルカを被って、複数人で歩いている女性を見かけることもある。パキスタンのパシュトゥーン人のブルカは茶色か白色、アフガン人のブルカは青色だ。

　前頁の写真は、2016年9月のペシャーワルの賑わい。馬車、ロバ車、オートバイ、オート力車、乗用車。市場にいると、さまざまな乗り物の音が聞こえてくる。旧市街の大きな通りは昼夜を問わず賑わっている。

屋根の骨組みに使う木をロバ車で運ぶ男性。[2016年9月]

タマリンドを買い求める客と話す露天商。タマリンドは酸味のあるマメ科の果実で、
ジュースやペーストに加工したり、料理に使ったりする。[2016年4月]

羊肉のカラーイを作るケバーブ屋の料理人。
カラーイは鉄鍋で肉を炒め煮したカレーで、パキスタンの名物。[2016年4月]

食堂の店頭でペシャーワル名物のケバーブ（肉の串焼き）を焼く料理人。
この通りにはたくさんのケバーブ屋があり、肉を焼く香ばしい匂いが漂っている。［2016年4月］

何かをするわけでない、
ただ道端に座っている男性の姿を見かけることも多い。[2016年4月]

店頭で鳥肉のカラーイを作る料理人。[2018年3月]

旧市街の市場のひとつ「ナマク・マンディ」(塩市場)には、いくつものドライフルーツ屋がある。
パキスタン北部のフンザ名産の杏、アフガニスタン産の緑色の干しブドウ、クルミ、アーモンド、
ピーナッツ、砂糖をコーティングしたナッツなどが個装から量り売りまで所狭しと並ぶ。
電子はかりを置いている店もあれば、昔ながらの天秤を置いている店もある。
[2017年2月]

この店でアフガニスタン産の干しブドウを買うのがわたしの楽しみのひとつ。
店主はわたしの顔を覚えており、
道端ですれ違ったときに「お、帰ってきてたのか」と声をかけてくれた。[2018年3月]

宝石商が集まる通りにあるラピスラズリの専門店。アフガニスタンから輸入されるラピスラズリは、
アクセサリーや置物として加工されるほか、顔料の原料にもなる。[2018年3月]

市場は夜も賑やかだが、やはりそこに女性の姿はない。
[2017年2月]

子どもを抱いて住宅地を歩く女性たち。
[2018年3月]

第4章 首都カーブルの風景

　2013年4月、わたしはアフガニスタンの首都カーブルの空港に降り立った。簡単な入国審査を終え、RAWAのメンバーとともに車で街中に向かう。街並みは予想よりも整然としているという印象だった。

　盆地につくられたこの町は、周囲を小高い山や丘に囲まれ、山の上の方までたくさんの家が建っている。住人は毎日ここを上り下りしているのだろうか、というのがまず気になった。

　カーブルでわたしが何よりもしたかったのは、自由に外を歩くことだったが、治安上の理由でそれは叶わなかった。「AFCECO」（アフガニスタンの子どものための教育とケア協会）のセキュリティに見守られながら、ほんのわずかな時間しか街を歩くことができなかったのだ。それでも、なんとかそのわずかな時間にシャッターを押した。

　2015年の訪問時には治安の悪化がさらに進んでおり、車の外へ出ることさえできなかった。窓越しにカメラが見えると外国人が乗っていることがわかってしまうという理由から、車内からの撮影さえ運転手に止められた。

　前頁の写真は、2013年4月に撮影した市の中心部近くの環状交差点。公共交通機関が整備されていないため、朝や夕方のラッシュ時は自家用車による大渋滞が起きるところもある。古い自家用車の排気ガスなどによる大気汚染も深刻だ。

ダールラーマーン宮殿の近くにある
国立カーブル博物館前の道路を歩く女性。
ブルカを被り、頭の上に大きな荷物を載せている。
[2013年5月]

広場に鳩がたくさん集まっている。
露天商から豆などのスナックをもらっているのかもしれない。[2013年4月]

カーブルの中心部を歩いているときに出会った男性。
撮影許可を求めると、笑顔で応じてくれた。
顔つきからしてアフガン社会で差別されてきた少数派のハザーラ人と思われる。
[2013年4月]

2001年9月9日に暗殺された反ターリバーン・ネットワーク「北部同盟」の
指導者アフマド・シャー・マスード将軍の支持者の車。
後部座席の窓にマスードのポスターが貼られている。
前日が命日だったため、このような車を何度も見かけた。
マスードはアフガニスタンの国内外で英雄のように評されることがあるが、
実際には対ソ連抵抗運動時代や内戦時に、
マスード派を含むイスラーム諸勢力は多くのアフガン人を殺傷するなどの
非道な行為に手を染めた。［2015年9月］

アフガン人の生活にナーンは欠かせない。
食事の際はどんなときでも、主食としてナーンが出される。
街の至る所にナーン屋があり、楕円やまんまるのナーンが売られている。[2013年5月]

市の中心部にあるケバーブ屋。
内陸国であるアフガニスタンは肉食文化を持ち、ケバーブは名物料理のひとつだ。
店の外に赤く染まった山羊がつながれていた。
ここでは祝事の際、山羊の毛を染める習慣がある。
近いうちに解体され、ケバーブになるのだろう。[2013年5月]

1990年代前半の内戦で廃墟となった
ダールラーマーン宮殿を訪ねた際に出会った少年たち。
小ぎれいな身なりでリュックサックを背負っている子もいるので、
下校中の寄り道だろう。[2013年5月]

リュックサックを背負い、制服で学校に向かう小学生たち。
左奥には、学校に行っていないと思われる女児と男児が歩いている。
対照的な姿だ。[2013年4月]

昼間の市場で出会った子どもたち。女児に名前を尋ねたら「アイシャ」だという。
わたしの名前を伝えると、似ていると思ったようで一瞬驚いた顔を見せた。
学校には通えていないのだろう。[2013年5月]

カーブルの街を見下ろす山。
こうした自然環境も
内戦や空爆などによって
破壊され続けている。
[2015年9月]

第5章

学びを通した
女性の
エンパワメント

1970年代後半に始まったソ連の軍事侵攻と駐留、内戦、ターリバーン政権の誕生、深刻な干ばつ、そして2001年以降の米英軍などの軍事攻撃により、数えきれないほど多くのアフガン人が死傷し、あるいは家や仕事を失って難民化した。長年続いたこれらの出来事に加え、各地を支配する諸軍閥の影響は社会の隅々にまで及んだ。

　2001年のターリバーン政権の崩壊以後は、国際社会の後押しの下で、暫定行政機構、移行政権、そして正式政権が順次樹立された。こうしためまぐるしい変化の中で、人々の悲惨な状況を改善するための新しい動きがいくつも生まれた。ここで紹介する「OPAWC」(アフガニスタン女性能力促進協会)と「HAWCA」(アフガニスタンの女性と子どものための人道支援)もそうして生まれた団体だ。

　2003年に設立されたOPAWCは、家父長的な社会の変革を目指し、女性へのエンパワメントとして、識字・算数コース、所得を得るための縫製スキルや英語を学ぶコースなどを開講している。また、ターリバーン政権時代の1999年に設立されたHAWCAは、パキスタンの難民キャンプに住む若者たちが始めた人道支援活動で、アフガニスタンに戻ってからは、暴力を受けた女性のためのシェルター運営や女性のための法律相談などを行っている。この二つの団体は、国際機関や海外NGOの援助を受けながら、現在も多様な活動を続けている。

　前頁の写真は、2013年4月に訪れたOPAWCで、線の通りにミシンで縫う練習をしている女性。OPAWCでは、各種の縫い方だけでなく、こうした刺繍のような高度な技術も学ぶ。字を知っている女性はすぐに縫製コースに参加できるが、字を知らない女性は先に識字コースを受講しなければならない。

ダリー語の綴り方のクラスの受講生たち。
ペルシャ文字で表記するダリー語は、
アフガニスタンの公用語のひとつ。
受講生の年齢はさまざまだが、みな熱心に取り組んでいる。
文字の読み書きができると、知識やスキルを身につけることができ、
仕事につながるからだ。[2015年9月]

OPAWCの事務局長の話を真剣な表情で聞く、算数コースの女性たち。[2015年9月]

数字の練習帳。
数字を書けるようになってから、簡単な計算方法を学ぶ。[2015年9月]

足し算と引き算の練習をする女性。
簡単な計算ができるようになると、縫製コースでメモを取りながら寸法を測ったり、
型紙を作ったりすることもできるようになる。[2015年9月]

受講生の子どもたち。母親が受講を終えるのを待っている。
外国人が珍しいせいか、レンズを向けるとみんなこちらを見た。[2015年9月]

妊産婦保健に関するワークショップに参加する女性たち。
健康の維持に必要な栄養や体の動かし方などを学んでいる。[2015年9月]

縫製の実習を始める前の座学。見栄えなど、衣装づくりのポイントを学んでいる。[2013年4月]

縫製の実習前の座学。
寸法の取り方などを学んでいる。
受講生が多いためか、椅子はなく床に座って授業が行われていた。[2015年9月]

郵 便 は が き

料金受取人払郵便

札幌中央局
承　認

1737

差出有効期限
2021年5月
31日まで
●切手不要

| 0 | 6 | 0 | - | 8 | 7 | 8 | 7 |

800

札幌市北区北7条西2丁目
37山京ビル1F

有限会社　**寿郎社**　行

|ᢛᏗᣟᢛᏗ|ᏗᣟᏗ|ᢛᏗᣟᢛᏗᣟᏗ|ᏗᣟᢛᏗ|ᏗᣟᏗᣟᏗ|ᏗᣟᢛᏗ|ᏗᣟᏗ|

お名前　　　　　　　　　　　　　　　　　　　年齢
　　　　　　　　　　　　　　　　　　　　　　（　　　　　歳）

ご住所・電話番号 等　〒□□□-□□□□

電話（　　　　　　）　　　-　　　　　e-mail
ご職業　　　　　　　　　　　　　　　　　　性別
　　　　　　　　　　　　　　　　　　　　　（　男　・　女　）

本書ご購入の動機 （○印をおつけください）

1 新聞・雑誌広告をみて（新聞・雑誌名　　　　　　　　　　　　　）

2 書評をみて（書評掲載紙誌名　　　　　　　　　　　　　　　　　）

3 書店店頭でみて　4 DMをみて

5 人の紹介で　6 その他

＊このハガキにお書きいただいた個人情報は、ご注文品の配送や新刊案内の送付のために
　使用いたします。それ以外では使用いたしません。

読者通信 本書をお読みになってのご感想・ご意見等、自由にお書き下さい。

書名：

_____

_____

_____

_____

_____

_____

_____

_____

_____

特 別 注 文 書

本書をご購入いただいた方に限り、小社出版物でご希望の図書を送料
小社負担で直接郵送させていただきます。下欄に書名をお書き下さい。

お支払いは到着後、1週間以内に同封の郵便振替用紙をご利用のうえ、最寄の郵便局からお振込み下さい。

書名： 　　　　　　　　　　　　　　　　　　　　　　　冊数　　冊

書名： 　　　　　　　　　　　　　　　　　　　　　　　冊数　　冊

書名： 　　　　　　　　　　　　　　　　　　　　　　　冊数　　冊

書名： 　　　　　　　　　　　　　　　　　　　　　　　冊数　　冊

書名： 　　　　　　　　　　　　　　　　　　　　　　　冊数　　冊

型に沿って裁断する前に、
生地の種類や折り方などを確認し合う女性たち。
ミシンの前で縫う準備をしている女性は縫製コースの教員（右端）。［2015年9月］

メジャーを首に巻いた教員が
受講生に生地の裁ち方の手本を見せている。
受講生は真剣な目つきで教員の指の動きを見ている。［2015年9月］

《HAWCA》

暴力の被害女性のためのシェルターで英語を学ぶ入居者。
アフガニスタンの34州のうち、
20州で民間団体がシェルターを開設している（2019年11月の時点で全26ヵ所）。
HAWCAのシェルターでは、
退去後の就労や所得につながる知識を学ぶ機会が設けられている。
わたしの訪問時には、医師による衛生に関する講義が入居者に対して毎週行われていた。
入居は数年にわたるケースもある。［2013年4月］

第6章
AFCECOの
子どもの
夢と生活

カーブル訪問中、最も強く印象に残ったのが、地元の
NGOのひとつであるAFCECOが運営する児童養護施設（孤
児院）だった。AFCECOは養育者を失うなどしたアフガン難
民の子どもを育てることを目的として2004年にパキスタンで
創設され、現在はその拠点をカーブルに移している。

　AFCECOの施設では小学生くらいから高校生までの貧困
家庭出身の子どもが生活している。また、施設の出身者が、
大学に通いながら子どもたちの面倒をみるために継続して施
設で暮らす場合もある。スタッフにも施設出身者が多い。

　基本的には、子ども一人につき海外のスポンサーが複数
人つくことになっており、それにより日常の衣食住が保障され、
よりよい教育を受けることができる。ただ、近年はアフガニス
タンへの国際的関心が低くなり、海外からの寄付金が大幅
に減ったため、財政状況は厳しい。

　子どもたちは地元の学校で学び、放課後になると音楽が
好きな子は楽器を演奏し、絵が好きな子は絵を描いて過ご
す。本人が望めば、より専門的な教育も受けられる。どれほ
ど困窮した家庭の出身者であっても、教育を通して、社会に
対する意識を向上させ、自分自身の人生に対して希望を持
てるようにすること——それがAFCECOのめざすところだ。

　前頁の写真は、旧メーハン孤児院の寝室で輪になって遊
ぶ女児たち。2013年5月時点では、AFCECOは児童養護
施設をカーブルの4カ所で運営していたが（女児用2カ所、男児
用2カ所）、2015年9月の訪問時には資金難により2カ所だけの
運営へと規模を縮小していた（女児用1カ所「メーハン孤児院」、男
児用1カ所「シターラ孤児院」）。現在は治安情勢を考慮し、2カ所
ともより安全な場所に移転している。また、新型コロナウイル
ス感染症が猛威を振るっているため、多くの子どもが一時的
に実家に戻っている。

二人が同じベッドで横になっているが、ベッドは一人一台分用意されている。
[2013年5月／旧メーハン孤児院(移転)]

比較的年齢が高い女児の寝室。各寝室には二段ベッドと私物を入れる棚がある。
子どもたちは施設内の図書室で宿題や自習ができる。[2013年4月／ニューホープ孤児院(閉鎖)]

子どもたちはかわいらしいデザインや色の寝具、カーテンなどを用意してもらい、
明るい雰囲気の中で過ごすことができる。[2013年5月／旧メーハン孤児院(移転)]

得意な太鼓を演奏する女児。本人が希望すれば、
音楽家を養成する地元の音楽院に通うことができる。
海外のアフガニスタン支援団体が企画する音楽会への
派遣メンバーとして渡航することもある。
アフガニスタン初の女性のオーケストラ「ゾフラ」のメンバーが
AFCECOから何人も生まれている。
［2015年9月／旧メーハン孤児院（移転）］

インドの弦楽器シタールを練習している施設出身のAFCECOのスタッフ。
アフガン社会では女性が人前で演奏することを「はしたない」とみなす傾向があり、
音楽を学ぶことは推奨されない。

AFCECOで音楽を学んでいることが親戚に知られ、
故郷に連れ戻された女児もいたという。
[2013年4月／ニューホープ孤児院(閉鎖)]

ともに音楽を学んでいる仲良しの二人。現在はとても上達したと聞く。
［2015年9月／旧メーハン孤児院（移転）］

女児用のニューホープ孤児院の地下に作られたホールに
音楽を学んでいる子どもたちが集まり、各自の得意な楽器を演奏。
演奏する側も聴く側も生き生きしていた。
[2013年5月／ニューホープ孤児院(閉鎖)]

小学校低学年の子どもたちによる合唱。何度も練習したのだろう。
かわいらしい声でアフガニスタンの曲などを一所懸命に歌っていた。
[2013年4月／ニューホープ孤児院(閉鎖)]

RAWAと連帯する会のメンバーを出迎えるAFCECOの子どもたち。
この子たちが恐怖を感じることなく自由に学べる日が来ることを
わたしは心から望んでいる。
［2013年5月／旧メーハン孤児院（移転）］

哀れみの涙ではなく、ともに闘う勇気を

今から8年前の2012年2月中旬、大阪市内でアフガニスタンの「女性に対する暴力根絶法」に関する講演を終え、講演を主催した「RAWAと連帯する会」(RAWA連)のメンバーとともに喫茶店に行った。2004年に設立された同会は、その名の通りRAWAとの連帯のあり方を模索しながら、RAWAの活動を支援している草の根の団体だ。

「わたしをアフガニスタンに連れていってください。お願いします」

席に着くなり、桐生佳子さん(RAWA連事務局長)の顔を見ながら、そう切り出した。桐生さんは突然のことに驚きながらも、「それじゃあ、会員になってもらわないと……」と静かに言った。それに対しわたしは「今から入会します!」と答え、その場で申込書とともに年会費を渡した。

わたしは、アフガニスタンのジェンダーに基づく暴力の研究をライフワークのひとつとしている。とはいえ、正直に言えば、若い頃からアフガニスタン一筋で生きてきたわけではない。わたしの研究生活は法学からスタートしており、現在も本業は法学研究(憲法、ジェンダー法、家族法)だ。わたしの目がはっきりとアフガニスタンに向いたのは、大学院生時代、米国の主張する対アフガニスタン攻撃の名目が、9.11に対する「報復」から、ターリバーン政権の抑圧下にある「アフガン女性の解放」に変わったときのことだった。

「〈女性解放〉の名の下で軍事攻撃が正当化されるなんて、とんでもない時代がやってきた」

そのときわたしの心には、それまでの人生で感じたことのないほ

どの峻烈な怒りが沸き上がるとともに、アフガニスタンやアフガン人に対する特別な意識が芽生えていた。

　軍事攻撃の理由に「女性解放」が謳われながらも、実際にはその下で多くのアフガン女性が殺傷されたり、爆撃の恐怖や生活破壊により難民化したりしていた。この圧倒的な矛盾に苛立つ日々を送っているとき、RAWAが公表した「アフガニスタンに対する米国の攻撃に関する声明」を目にした。それは、米英軍による空爆開始から数日後の2001年10月11日に全世界に向けて発せられたものだった。外国勢力ではなくアフガン民衆こそがターリバーン政権を倒す主体であることを主張し、軍事攻撃を真正面から批判する声明にわたしは胸を衝かれた。同時に、なぜ自分は声明が発せられてすぐにこれを読まなかったのか、一体自分は何をしていたのか、と激しく後悔した。

　RAWAの声明は、わたしがすべきことをはっきりと教えてくれた。それは、アフガン人が受けたさまざまな被害に「哀れみ」の涙を流すのではなく、発せられた声への応答として「ともに闘う勇気」を持つということだった。こうしてわたしの中にRAWAへの共感と連帯の気持ちが生まれた。

　「いつの日かRAWAのメンバーに会うためにアフガニスタンに行こう」

　2011年10月に現在の職場へ異動したことで生活がある程度落ち着き、アフガニスタン訪問についてRAWA連に相談したいと思うようになった。そんなときタイミング良く、桐生さんから講演依頼のメー

ルが届いたのだった。のちに桐生さんから、「『アフガニスタンに行ってみたい』という人には会うけれど、『アフガニスタンに連れていってください』と頼む人は初めて」と笑われた。縁とは不思議なもので、わたしは現在、RAWA連の共同代表を務めている。

2013年4月末、わたしを含むRAWA連のメンバーはイスラマバードからカーブルに向かうパキスタン航空の小型飛行機に乗った。しばらくすると、機体が国境を越え、ナンガルハール州のジャラーラバード上空に差し掛かったことを知らせるアナウンスが流れた。わたしはアフガニスタンに入ったことを知って、思わず拍手をしそうになった。雪に覆われた山脈が乾いた土の大地に変わる。飛行機が徐々に高度を下げ始めると、アフガン人の暮らす家々が目に入ってきた。興奮で心身が震えた。

カーブル到着後は、児童養護施設を営むAFCECOの事務所でお世話になりながら、本書に登場する諸施設のほか、左派政党である「連帯党」や女性省、アフガニスタン憲法58条に基づいて設置された「アフガニスタン独立人権委員会」などを訪ね、暴力や人権侵害に関する聞き取りを行った。

カーブルの街を自由に歩けるような治安状況でないことは訪問前からわかっていたが、予想以上だった。しかし、その頃の状況でさえ今よりはるかに安全だったといえる。復活したターリバーン、イスラーム国（IS）、アフガン政府軍の三つ巴が生じるなど、治安の悪化は留まることを知らず、ついにはビザの取得が事実上不可能となり、現在に至っている。

このような状況にあっても、わたしは毎年アフガニスタン訪問の

可能性を追求している。RAWAの女性たちと、ともに住みたい社会について、とことん話したい。加えて、現在、ジャラーラバード郊外でRAWAが運営し、RAWA連が財政支援をしている「ビビ・アイシャ学校」というヘワド高校の理念を継承する新しい学校を訪ねてみたい。同校やAFCECOの児童養護施設の子どもたちと、いつの日か、絵画や音楽を楽しむことができればと思っている。

　本書は、RAWAのメンバーの勇気と日々の献身的な働きなくして、完成させることができなかった。弾圧の危険といわれなき非難・中傷にさらされながら闘い続けてきたRAWAのメンバーに最大の謝辞と激励、そして強い連帯の気持ちを送りたい。次に、アフガニスタン滞在時にお世話をしてくださったAFCECOのスタッフや子どもたち、訪問を受け入れてくださるHAWCA、OPAWCおよびSAAJSのスタッフに深謝したい。また、パキスタンやアフガニスタンへの旅をともにしてきたRAWA連事務局長の桐生佳子さんと事務局メンバーの北垣由民子さん、これらの訪問を支えてくださった各メンバー、パキスタンで訪問先を調整し宿泊所・移動手段を確保してくださったワジッド・アリさん（ナウシカ・インターナショナル）にも感謝の意を表したい。最後に、アフガニスタン関連の書籍を取り扱ってくれる出版社が少ない中、出版を気持ちよくお引き受けくださった寿郎社と、素敵な本に仕上げてくださったブックデザイナーの鈴木一誌さんと吉見友希さんにこの場を借りて御礼申し上げる。

2020年7月12日

清末愛砂

清末愛砂（きよすえ・あいさ）

1972年生まれ。山口県出身。室蘭工業大学大学院工学研究科准教授。専門は、憲法学、家族法、アフガニスタンのジェンダーに基づく暴力。主な著書に『《世界》がここを忘れても　アフガン女性・ファルザーナの物語』（寿郎社、2020年）、『平和とジェンダー正義を求めて　アフガニスタンに希望の灯火を』（共編著、耕文社、2019年）など。「RAWAと連帯する会」共同代表。RAWA連メールアドレス：rawa-jp@hotmail.co.jp

ペンとミシンとヴァイオリン
アフガン難民の抵抗と民主化への道

発 行	2020年8月31日 初版第1刷
著 者	清末愛砂
発行者	土肥寿郎
発行所	有限会社寿郎社 〒060-0807　北海道札幌市北区北7条西2丁目 37 山京ビル 電話: 011-708-8565　FAX: 011-708-8566 e-mail: doi@jurousha.com URL: www.ju-rousha.com
印刷・製本	モリモト印刷株式会社

＊落丁・乱丁はお取り替えいたします。
＊紙での読書が難しい方やそのような方の読書をサポートしている個人・団体の方には、必要に応じて本書のテキストデータをお送りいたしますので、発行所までご連絡ください。

ISBN978-4-909281-27-2 C0036
©KIYOSUE Aisa 2020. Printed in Japan

《世界》がここを忘れても
アフガン女性・ファルザーナの物語

文・清末愛砂／絵・久保田桂子

9.11後の英米軍などの侵攻、ターリバーン政権の崩壊と混乱、そしてISの台頭……。激動のなか、それでも国内で暮らし、あるいは難民キャンプで生活せざるをえなくなったアフガニスタンの人々。その暮らしぶり——とりわけ家父長制のもとで虐げられてきた女性たちの日常については、日本ではまったくと言っていいほど知られていません。

本書は、アフガニスタン女性革命協会・RAWAを支援している「RAWAと連帯する会」共同代表の著者が現地での活動を通して知り合ったアフガン女性たちから聞いた話を"ファルザーナ"という大学生のストーリーに再構成したものです。

ファルザーナの物語を通して、日本のメディアが報じることのないアフガン女性の生活や思いを知り、人権と平和について考えてみませんか。

ISBN 978-4-909281-26-5 C0036

価格：本体1800円＋税